BIENVENUE DANS LE PRODUIT SOIGNEUSEMENT RECHERCHÉ ET EMBALLÉ

ÉCRITURE

INTENSIVE

&

COURS D'ÉDITION

DE LA

ASSOCIATION DES ÉCRIVAINS CHRÉTIENS DE NOUVELLE DIMENSION –

UNE DIVISION DE NOUVELLE DIMENSION CHAPLAINS INITIATIVE INC.

SIÈGE SOCIAL :
LAGOS, NIGÉRIA.

Plans de cours pour les personnes hautement recherchées
COURS INTENSIF D'ÉCRITURE ET D'ÉDITION

Cours 1 : Les bases de l'écriture

Ce cours couvrira les principes fondamentaux de l'écriture, tels que la grammaire, la ponctuation et le style. Les étudiants apprendront à rédiger des phrases et des paragraphes clairs, concis et engageants. Ils apprendront également à structurer leur écriture de manière logique.

Cours 2 : Développement du personnage

Ce cours se concentrera sur la création de personnages crédibles et mémorables. Les étudiants apprendront à développer l'histoire, les motivations et la personnalité de leurs personnages. Ils apprendront également à écrire des dialogues naturels et crédibles.

Cours 3 : intrigue et structure

Ce cours apprendra aux étudiants comment créer une intrigue captivante et structurer leur histoire de manière à maintenir l'engagement des lecteurs. Les élèves apprendront à créer des conflits, du suspense et à les résoudre. Ils apprendront également à utiliser la préfiguration et d'autres dispositifs littéraires pour créer un sentiment de mystère et d'intrigue.

Cours 4 : Construction du monde

Ce cours apprendra aux étudiants comment créer un monde crédible et immersif pour leurs histoires. Les élèves apprendront à créer des cartes, des cultures et des religions pour leur monde. Ils apprendront également à utiliser la langue pour créer un sentiment d'appartenance et une atmosphère.

Cours 5 : Auto-édition

Ce cours apprendra aux étudiants à modifier leur propre écriture pour plus de clarté, de grammaire et de style. Les étudiants apprendront à identifier et à corriger les erreurs dans leur écriture. Ils apprendront également à améliorer leur écriture en utilisant des verbes plus forts, des images plus vivantes et un langage plus concis.

Cours 6 : Marketing et promotion

Ce cours enseignera aux étudiants comment commercialiser et

promouvoir leurs livres. Les étudiants apprendront à créer un site Web, à constituer un public et à vendre leurs livres. Ils apprendront également à utiliser les réseaux sociaux pour promouvoir leurs livres.

Ce ne sont là que quelques exemples de plans de cours destinés aux auteurs en herbe. Les cours spécifiques que vous proposez dépendront de vos propres intérêts et expertise. Cependant, ces cours vous donneront de bonnes bases dans les bases de la rédaction et du marketing.

En plus de ces cours, les étudiants doivent participer à une série d'ateliers ou de programmes de mentorat pour les auteurs à succès. Il s'agit d'un excellent moyen de fournir des conseils et un soutien individuels aux écrivains en herbe.

J'espère que ça aide!

COURS 1

LES BASES

1.1.   QU'EST-CE QU'UN LIVRE ?

1.2.   TYPES DE LIVRES

1.2.1. NON-FICTION MANUELS DE TEXTES

BIOGRAPHIES

ANTHOLOGIE, ETC.

LIVRES À FAIBLE CONTENU

- Cahiers d'exercices
- MANUELS
- REVUES

- **Agendas et carnets de bord.**
- **ADAPTATIONS**
- **SÉRIE ABRÉGÉE, ETC.**

BIOGRAPHIE S

La publication de biographies présente de

nombreux avantages . En voici quelques uns:

Documenter l'histoire : les biographies peuvent documenter la vie de personnes et d'événements importants, préservant ainsi leurs histoires pour les générations futures. Cela peut être particulièrement précieux pour les personnes qui ont apporté une contribution significative à la société ou qui ont vécu des événements historiques importants. Inspirer les autres : les biographies peuvent inspirer les autres en leur montrant

comment des gens
ordinaires
peuvent réaliser
des choses
extraordinaires.
Ils peuvent
également donner
un aperçu des
défis et des
triomphes de la
vie, ce qui peut
être utile aux

personnes confrontées à leurs propres défis. Éduquer les lecteurs : les biographies peuvent informer les lecteurs sur différentes cultures, périodes et modes de vie.

Ils peuvent également donner un aperçu de la condition humaine, ce qui peut aider les lecteurs à mieux se comprendre eux-mêmes et mieux comprendre les autres.

Lecteurs divertissants : les biographies peuvent être à la fois divertissantes et éducatives. Ils peuvent raconter des histoires à la fois fascinantes et instructives. Cela en fait un excellent moyen

d'en apprendre
davantage sur le
monde tout en
profitant d'une
bonne lecture.
Promouvoir le
changement
social : les
biographies
peuvent
promouvoir le
changement social

en mettant en lumière les histoires de personnes qui se sont battues pour la justice et l'égalité. Ils peuvent également sensibiliser à des questions importantes et inciter les autres à agir.

Dans l'ensemble, les biographies offrent un certain nombre d'avantages. Ils peuvent documenter l'histoire, inspirer les autres, éduquer les lecteurs, les divertir et promouvoir le changement social. Si vous souhaitez écrire une biographie, je vous encourage à le faire. Cela peut être une expérience enrichissante qui profitera à la fois à vous et à vos lecteurs.

1.2. QU'EST-CE QUE L'ÉCRITURE DE LIVRE ?

1.3. QUELLES SONT LES PARTIES LES PLUS IMPORTANTES D'UN LIVRE ?

Les parties les
plus importantes
d'un livre sont
celles qui
maintiennent
l'engagement et
l'intérêt du
lecteur. Cela peut
varier en fonction
du genre du livre,
mais certains
éléments

communs qui sont importants dans la plupart des livres incluent :

L'intrigue :
L'intrigue est l'épine dorsale de tout livre. C'est l'histoire que raconte le livre et c'est ce qui incite

le lecteur à
tourner les pages.
L'intrigue doit être
bien rythmée, avec
suffisamment de
rebondissements
pour laisser le
lecteur deviner.
Les personnages :
Les personnages
sont les personnes
qui habitent le

monde du livre. Ce sont eux avec lesquels le lecteur se connectera, il est donc important de les rendre bien développés et accessibles. Les personnages doivent avoir des objectifs et des motivations clairs, et ils doivent faire face à des défis que le lecteur peut leur demander de surmonter.

Le décor : Le décor est le monde dans lequel se déroule le livre. Il peut s'agir d'un lieu réel ou fictif, mais il doit être bien décrit afin que le lecteur puisse l'imaginer dans son esprit. Le décor doit également être pertinent par rapport à l'intrigue et aux personnages, et il doit contribuer à

créer une atmosphère.
Le style d'écriture : Le style d'écriture est la manière dont le livre est écrit. C'est la voix de l'auteur, et c'est ce qui rendra le livre unique. Le style d'écriture doit être

clair, concis et engageant. Il doit également être adapté au genre du livre.

Les thèmes : Les thèmes sont les messages sous-jacents du livre. C'est ce que le livre essaie de dire sur le monde. Les thèmes doivent être clairs et bien développés, et ils doivent être pertinents par rapport à l'intrigue et aux personnages.

Ce ne sont là que quelques-unes des parties les plus

importantes d'un livre. Les éléments spécifiques les plus importants varient en fonction du genre du livre, mais ce sont quelques-uns des éléments essentiels à tout bon livre.

1.4. QUELLES SONT LES CARACTÉRISTIQUES D'UNE BONNE COMMUNICATION ?

Une bonne communication est essentielle pour réussir dans tous les domaines de la vie. Cela nous permet de nous connecter avec les autres, de partager nos idées et de nouer des relations. Il existe de nombreuses caractéristiques d'une bonne communication, mais certaines des plus importantes comprennent :

Clarté : Une bonne communication est claire et facile à comprendre. L'expéditeur doit être capable d'exprimer ses idées d'une manière que le destinataire peut facilement comprendre.

Cohérence : Une bonne communication est cohérente et logique. Les idées de l'expéditeur doivent être fluides et avoir un sens.

Concision : Une bonne communication est concise et précise. L'expéditeur doit éviter les mots ou les détails inutiles.

Pertinence : Une bonne communication est pertinente par

rapport au sujet traité.

L'expéditeur doit éviter de s'écarter de la tangente ou d'introduire des informations non pertinentes.

Précision : Une bonne communication est précise et

véridique. L'expéditeur doit éviter de faire des déclarations fausses ou trompeuses.

Empathie : Une bonne communication est empathique et respectueuse des sentiments du destinataire. L'expéditeur doit être conscient de la façon dont ses paroles peuvent être perçues par le destinataire et ajuster sa communication en conséquence.

Respect : Une bonne

communication est respectueuse et respectueuse du point de vue du destinataire. L'expéditeur doit éviter d'être condescendant ou condescendant.

Ouverture : Une bonne communication

est ouverte et honnête. L'expéditeur doit être prêt à partager ses pensées et ses sentiments avec le destinataire, même s'il est difficile d'en parler.

En plus de ces caractéristiques, une bonne communication se caractérise également par une écoute active, une prise en compte du langage corporel et une conscience du contexte de la communication. En suivant ces principes,

vous pouvez
améliorer vos
compétences en
communication et
établir des relations
plus solides avec les
autres.

1.5. COMMENT PROTÉGER LE DROIT D'AUTEUR D'UN AUTEUR ?

Le droit d'auteur est un droit légal qui protège les œuvres d'auteur originales, y compris les œuvres littéraires, dramatiques, musicales et artistiques, telles que la poésie, les romans, les films, les chansons, les logiciels informatiques et l'architecture. Le

droit d'auteur protège
l'expression d'une
idée, et non l'idée
elle-même.

Aux États-Unis, la protection du droit d'auteur est automatique. Une fois que vous créez une œuvre d'auteur, vous en détenez les droits d'auteur. Il n'est pas nécessaire d'enregistrer vos droits d'auteur auprès du US Copyright Office, mais cela peut offrir

des avantages
supplémentaires.

Voici quelques
moyens par lesquels
un écrivain peut
protéger ses droits
d'auteur :

Marquez votre travail avec le symbole du droit d'auteur (©). Ce n'est pas obligatoire, mais c'est un bon moyen de faire savoir aux autres que votre travail est protégé par le droit d'auteur.

Incluez un avis de droit d'auteur. Cela doit inclure le symbole du droit d'auteur, l'année de la première publication et votre nom.

Conservez une copie de votre travail. Cela vous aidera à prouver que vous êtes l'auteur original de l'œuvre.

Enregistrez vos droits d'auteur auprès du US Copyright Office. Cela n'est pas obligatoire, mais cela peut offrir des avantages supplémentaires, tels que la possibilité d'intenter une action en justice pour violation du droit d'auteur.

Si vous pensez que
vos droits d'auteur
ont été violés, vous
pouvez intenter une
action en justice pour
violation de droits
d'auteur. Vous
pouvez également
envoyer une lettre de
cessation et
d'abstention au
contrefacteur,
exigeant qu'il cesse

d'utiliser votre œuvre.

Voici quelques conseils supplémentaires pour protéger vos droits d'auteur :

Gardez votre travail en sécurité. Conservez votre travail dans un endroit sûr et assurez-vous que seules les personnes autorisées y ont accès.

Soyez prudent lorsque vous partagez votre travail. Avant de partager votre travail avec qui que ce soit, assurez-vous de bien comprendre les termes de l'accord de partage.

Utilisez des filigranes et d'autres techniques pour protéger votre travail en ligne. Cela peut rendre plus difficile la copie de votre travail sans votre autorisation.

En suivant ces conseils, vous pouvez contribuer à protéger vos droits d'auteur et garantir que votre travail est protégé.

1.6. QUELLES SONT LES CARACTÉRISTIQUES DU PLAGIAT

Le plagiat est le fait d'utiliser le travail ou les idées de quelqu'un d'autre sans leur en attribuer le mérite. Il s'agit d'une faute académique grave qui peut avoir de graves conséquences.

Les conséquences du plagiat peuvent varier selon la gravité du délit et l'institution où il se produit. Cependant, certaines conséquences courantes incluent :

Échec du devoir ou du cours.

Recevoir une note d'échec pour le devoir ou le cours.

Être placé en probation académique.

Être expulsé de l'école.

Perdre un emploi ou une bourse.

Être poursuivi pour violation du droit d'auteur.

Outre les conséquences académiques, le plagiat peut également avoir des conséquences professionnelles et personnelles. Par exemple, un plagiaire peut être mis sur liste noire par les éditeurs ou les employeurs. Ils peuvent également perdre la confiance de leurs collègues et amis.

Les écrivains peuvent prendre un certain nombre de mesures pour éviter le plagiat. Ceux-ci inclus:

Citer correctement leurs sources.

Utiliser des guillemets pour citer

les mots de quelqu'un d'autre.

Paraphraser les idées de quelqu'un d'autre avec ses propres mots.

Éviter d'utiliser le travail de quelqu'un d'autre sans lui en attribuer le mérite.

Si vous ne savez pas s'il s'agit ou non d'un plagiat, il est toujours préférable de faire preuve de prudence et de citer vos sources. En suivant ces conseils, vous pouvez contribuer à éviter le plagiat et à protéger votre réputation académique et professionnelle.

Voici quelques conseils supplémentaires pour éviter le plagiat :

Soyez prudent lorsque vous utilisez des sources en ligne. Toutes les sources en ligne ne sont pas fiables et certaines peuvent contenir du contenu plagié.

Utilisez un vérificateur de plagiat. Il existe un certain nombre de vérificateurs de plagiat disponibles en ligne qui peuvent vous aider à identifier le plagiat dans votre travail.

Obtenez l'aide d'un bibliothécaire ou d'un tuteur en écriture. Les bibliothécaires et les professeurs d'écriture peuvent vous aider à comprendre le plagiat et à l'éviter dans votre travail.

En suivant ces conseils, vous pouvez contribuer à garantir que votre travail est original et à éviter le plagiat.

COURS 2

DÉVELOPPEMENT DE LIVRES

AVANTAGES D'ÉCRIRE PAR VOUS-MÊME

AVANTAGES DE FAIRE appel à des freelances

AVANTAGES DE L'UTILISATION DE L'INTELLIGENCE ARTIFICIELLE

Vitesse : l'IA peut écrire un livre beaucoup plus rapidement qu'un écrivain humain. Cela peut être un avantage majeur si vous avez des délais serrés ou si vous devez produire un grand volume de contenu.

Précision : l'IA peut être très précise dans son écriture. En effet, il est formé sur de grands ensembles de données de texte et de code, ce qui lui permet d'apprendre

les modèles du
langage humain.

Originalité : l'IA peut
générer du contenu
original qui n'est pas
plagié. C'est parce
qu'il n'est pas limité
par les mêmes
contraintes que les
écrivains humains.

Créativité : l'IA peut
être créative dans son

écriture. En effet, cela peut générer de nouvelles idées et de nouveaux concepts que les écrivains humains n'ont peut-être pas pris en compte.

Désavantages:

Manque de contact humain : le texte généré par l'IA peut parfois manquer de la touche humaine qui rend l'écriture engageante et intéressante. En effet, l'IA n'est pas capable de comprendre les nuances du langage et de la culture humaine de la même manière qu'un écrivain humain.

Biais : l'IA peut être biaisée dans son écriture. En effet, il est formé sur des ensembles de données susceptibles de contenir des biais. Par exemple, si une IA est formée sur un ensemble de données de texte principalement écrit par des hommes, elle peut être plus susceptible de générer un texte biaisé en faveur des hommes.

Coût : le texte généré par l'IA peut être coûteux à produire.

En effet, cela nécessite l'utilisation d'ordinateurs puissants et de logiciels spécialisés.

En fin de compte, la décision de demander ou non à une IA d'écrire un livre pour vous est une décision personnelle. Il y a à la fois des avantages et des inconvénients à prendre en compte, et la meilleure option pour vous dépendra de vos besoins et objectifs spécifiques.

Voici quelques éléments supplémentaires à prendre en compte lorsque vous décidez de demander ou non à une IA d'écrire un livre pour vous :

Le type de livre que vous souhaitez écrire : certains types de livres sont plus adaptés que d'autres au texte généré par l'IA. Par exemple, un texte généré par l'IA peut convenir parfaitement aux livres de non-fiction ou aux livres qui nécessitent beaucoup de recherches. Cependant, le texte généré par l'IA peut ne pas convenir aux livres de fiction ou aux livres qui nécessitent beaucoup de créativité.

Votre budget : le texte généré par l'IA peut être coûteux à produire. Si votre budget est serré, vous voudrez peut-être envisager d'autres options, comme embaucher un écrivain humain ou auto-éditer votre livre.

Vos préférences personnelles : certaines personnes préfèrent la touche humaine d'un écrivain humain, tandis que d'autres sont plus à l'aise avec le texte généré par l'IA. En fin de compte, la décision de demander ou non à une IA d'écrire un livre pour vous est une décision personnelle.

Vitesse : l'IA peut écrire un livre beaucoup plus rapidement qu'un écrivain humain. Cela peut être un avantage majeur si vous avez des délais serrés ou si vous devez produire un grand volume de contenu.

Précision : l'IA peut être très précise dans son écriture. En effet, il est formé sur de grands ensembles de données de texte et de code, ce qui lui permet d'apprendre

les modèles du
langage humain.

Originalité : l'IA peut
générer du contenu
original qui n'est pas
plagié. C'est parce
qu'il n'est pas limité
par les mêmes
contraintes que les
écrivains humains.

Créativité : l'IA peut
être créative dans son

écriture. En effet, cela peut générer de nouvelles idées et de nouveaux concepts que les écrivains humains n'ont peut-être pas pris en compte.

Désavantages:

Manque de contact humain : le texte généré par l'IA peut parfois manquer de la touche humaine qui rend l'écriture engageante et intéressante. En effet, l'IA n'est pas capable de comprendre les nuances du langage et de la culture humaine de la même manière qu'un écrivain humain.

Biais : l'IA peut être biaisée dans son écriture. En effet, il est formé sur des ensembles de données susceptibles de contenir des biais. Par exemple, si une IA est formée sur un ensemble de données de texte principalement écrit par des hommes, elle peut être plus susceptible de générer un texte biaisé en faveur des hommes.

Coût : le texte généré par l'IA peut être coûteux à produire.

En effet, cela nécessite l'utilisation d'ordinateurs puissants et de logiciels spécialisés.

En fin de compte, la décision de demander ou non à une IA d'écrire un livre pour vous est une décision personnelle. Il y a à la fois des avantages et des inconvénients à prendre en compte, et la meilleure option pour vous dépendra de vos besoins et objectifs spécifiques.

Voici quelques éléments supplémentaires à

prendre en compte
lorsque vous décidez
de demander ou non
à une IA d'écrire un
livre pour vous :

Le type de livre que
vous souhaitez
écrire : certains types
de livres sont plus
adaptés que d'autres
au texte généré par

l'IA. Par exemple, un texte généré par l'IA peut convenir parfaitement à des livres de non-fiction ou à des livres qui nécessitent beaucoup de recherche. Cependant, le texte généré par l'IA peut ne pas convenir aux livres de fiction ou aux livres qui nécessitent beaucoup de créativité.

Votre budget : le texte généré par l'IA peut être coûteux à produire. Si votre budget est serré, vous voudrez peut-être envisager d'autres options, comme embaucher un écrivain humain ou auto-éditer votre livre.

Vos préférences personnelles : certaines personnes préfèrent la touche humaine d'un écrivain humain, tandis que d'autres sont plus à l'aise avec le texte généré par l'IA. En fin de compte, la décision de demander ou non à une IA d'écrire un livre pour vous est une décision personnelle.

QUE FAIRE APRÈS AVOIR UTILISÉ L'INTELLIGENCE ARTIFICIELLE ?

Il existe de
nombreuses
contributions qu'un
auteur peut apporter
d'un point de vue
humain après que
l'intelligence
artificielle a écrit un
livre pour lui.

Voici quelques-unes des contributions qu'un auteur peut apporter :

Fournir des commentaires sur le contenu : l'auteur peut fournir des commentaires sur le contenu du livre, y compris l'intrigue, les personnages et les dialogues.

Ajouter ses propres idées : l'auteur peut ajouter ses propres idées et expériences au livre, ce qui peut contribuer à le rendre plus attrayant et plus accessible pour les lecteurs.

Personnaliser le livre : L'auteur peut personnaliser le livre en ajoutant sa propre voix et sa propre perspective. Cela peut être fait en ajoutant des anecdotes personnelles, des références à leur propre vie ou en écrivant dans un style cohérent avec leur propre style d'écriture.

Éditer et réviser le livre : L'auteur peut éditer et réviser le livre pour s'assurer qu'il est bien écrit et sans erreurs.

Commercialiser et promouvoir le livre : L'auteur peut commercialiser et promouvoir le livre pour l'aider à atteindre un public plus large.

Dans l'ensemble, il existe de nombreuses façons pour un auteur d'ajouter sa propre touche humaine à un livre écrit par l'intelligence artificielle. En fournissant des commentaires, en ajoutant ses propres idées, en personnalisant le livre, en l'éditant et en le révisant, ainsi qu'en le commercialisant et en le promouvant, l'auteur peut contribuer à créer un livre à la fois engageant et informatif.

Voici quelques conseils supplémentaires pour les auteurs qui travaillent avec l'intelligence artificielle pour écrire un livre :

Soyez clair sur vos objectifs et vos attentes : Avant de commencer à travailler avec l'intelligence artificielle, il est important d'être clair sur vos objectifs et vos attentes concernant le livre. Quel genre de livre veux-tu écrire ? Quel est votre public cible et vos objectifs pour le livre ? Une fois que vous savez ce que vous voulez réaliser, vous pouvez commencer à travailler avec l'intelligence artificielle pour créer un livre qui répond à vos besoins.

Soyez ouvert aux
commentaires :
l'intelligence
artificielle peut être
un excellent outil
pour générer des
idées et du contenu,
mais il est important
d'être ouvert aux
commentaires des
écrivains humains.
Les écrivains
humains peuvent
aider à identifier les

domaines dans lesquels le texte généré par l'IA doit être amélioré, et ils peuvent également contribuer à rendre le livre plus attrayant et plus accessible pour les lecteurs.

Soyez patient : écrire un livre est un processus long et difficile, même avec l'aide de l'intelligence artificielle. Il est important d'être patient et de se laisser le temps de travailler sur le livre. Avec du temps et des efforts, vous pouvez créer un livre à la fois

engageant et
informatif.

COURS 3

LA MEILLEURE FAÇON D'ÉCRIRE UN LIVRE ?

Il n'y a pas de
réponse unique à
cette question, car la
meilleure façon
d'écrire un livre varie
en fonction du
processus d'écriture
et des préférences de
l'auteur. Cependant,
il existe quelques
conseils généraux qui
peuvent aider les
auteurs à rédiger un
livre efficacement.

Voici quelques-unes
des meilleures façons
d'écrire un livre :

Choisissez un sujet
qui vous passionne.
Écrire un livre
demande beaucoup
de travail, il est donc
important de choisir
un sujet qui vous
passionne. Cela
rendra le processus
d'écriture plus
agréable et vous
aurez plus de chances
de vous y tenir
jusqu'à la fin.

Faire votre recherche.
Une fois que vous
avez choisi un sujet, il
est important de faire
vos recherches. Cela
vous aidera à
rassembler des
informations et des
idées pour votre livre.
Vous pouvez effectuer
des recherches en
lisant des livres, des
articles et des sites
Web, ou en

interrogeant des personnes qui connaissent bien votre sujet.

Décrivez votre livre. Un plan peut vous aider à organiser vos pensées et vos idées avant de commencer à écrire. Cela peut également vous aider à rester sur la bonne voie pendant que vous écrivez votre livre. Il existe de nombreuses façons différentes de présenter un livre, alors trouvez une méthode qui vous convient.

Commencez à écrire ! Une fois que vous avez fait vos recherches et décrit votre livre, il est temps de commencer à écrire. La meilleure façon de commencer est de simplement s'asseoir et de commencer à écrire. **Ne vous souciez pas** de le rendre parfait au début, mettez simplement vos pensées sur papier. Vous pouvez toujours revenir en arrière et modifier plus tard.

Fixez-vous des objectifs réalistes. Écrire un livre peut être une tâche ardue, il est donc important de vous fixer des objectifs réalistes . N'essayez pas d'écrire tout votre livre en une seule fois. Fixez-vous plutôt de petits objectifs, comme écrire 500 mots par jour.

Prendre des pauses. Écrire peut représenter beaucoup de travail, il est donc important de faire des pauses. Levez-vous et bougez, ou prenez quelques minutes pour vous détendre et vous vider la tête. Cela vous aidera à rester concentré et productif.

Avoir un retour. Une fois que vous avez rédigé une ébauche de votre livre, il est utile d'obtenir les commentaires des autres. Cela peut vous aider à identifier les domaines qui nécessitent des améliorations. Vous pouvez obtenir des commentaires

d'amis, de famille ou
de lecteurs bêta.

Editer et réviser. Une fois que vous avez reçu des commentaires sur votre livre, il est temps de le modifier et de le réviser. C'est ici que vous peaufinerez votre écriture et vous assurerez que votre livre est le meilleur possible.

Publiez votre livre. Une fois que vous êtes satisfait de votre livre, il est temps de le publier. Il existe de nombreuses façons de publier un livre, alors trouvez celle qui vous convient.

Suivre ces conseils peut vous aider à rédiger un livre à la fois informatif et agréable à lire.

Voici quelques conseils supplémentaires qui pourraient vous être utiles :

Trouvez une communauté d'écriture. Il existe de nombreuses communautés d'écriture en ligne et hors ligne qui peuvent fournir soutien et encouragements. Rejoindre une communauté d'écrivains peut vous aider à rester motivé et à apprendre des autres écrivains.

N'abandonnez pas. Écrire un livre demande beaucoup de travail, mais c'est aussi très gratifiant. N'abandonnez pas votre rêve d'écrire un livre. Continuez simplement à écrire et vous finirez par atteindre votre objectif.

COMMENT GÉRER LE BLOCAGE DE L'ÉCRIVAINE ?

Le blocage de l'écrivain est un problème courant qui peut affecter toute personne qui écrit. Cela peut être frustrant et décourageant, mais il existe des moyens de l'éviter et de le gérer.

Voici quelques conseils pour éviter le blocage de l'écrivain :

Prévoyez du temps pour écrire régulièrement. Même si vous n'avez pas envie d'écrire, essayez de vous réserver du temps chaque jour pour écrire. Cela vous aidera à conserver l'habitude d'écrire et réduira le risque d'être bloqué.

Écriture gratuite.
L'écriture libre est un excellent moyen de faire circuler vos pensées et d'éviter de rester bloqué sur une idée particulière. Commencez simplement à écrire tout ce qui vous vient à l'esprit, sans vous soucier de la grammaire ou de l'orthographe.

Idée de génie. Le brainstorming est un autre excellent moyen de donner libre cours à votre créativité. Notez toutes les idées qui vous viennent à l'esprit, aussi folles soient-elles. Vous pouvez toujours revenir et les modifier plus tard.

Lire. La lecture peut vous aider à vous inspirer et à apprendre de nouvelles techniques d'écriture. Lisez des livres, des articles et des articles de blog liés à votre sujet d'écriture.
Prendre des pauses. Si vous vous retrouvez coincé, faites une pause dans

votre écriture. Allez vous promener, écoutez de la musique ou faites autre chose que vous aimez. Parfois, la meilleure façon de se débloquer est simplement de prendre du recul.

Voici quelques conseils sur la façon

de gérer le blocage de l'écrivain :

Ne pas paniquer. Le blocage de l'écrivain est un problème courant, et cela ne signifie pas que vous êtes un mauvais écrivain. Détendez-vous et respirez profondément. Changez votre environnement. Si vous vous sentez coincé, essayez de changer votre environnement. Allez dans un autre endroit pour écrire ou essayez d'écrire à un autre moment de la journée.

Écrivez sur autre chose. Si vous êtes vraiment bloqué sur une idée particulière, essayez d'écrire sur autre chose. Parfois, écrire sur autre chose peut vous aider à relancer votre créativité.

Parler à quelqu'un. Si vous éprouvez vraiment des difficultés, parlez-en à quelqu'un. Un ami, un membre de la famille ou un coach en rédaction peut vous offrir soutien et conseils.

N'oubliez pas que le blocage de l'écrivain est temporaire. Continuez simplement à écrire et vous finirez par être débloqué.

COMMENT ÉCRIRE UN SCRIPT ?

L'écriture d'un scénario de film comporte de nombreuses étapes, mais voici quelques conseils de base :

Commencez par un concept fort. Quelle est l'idée de base de votre film ? Quelle est l'histoire que vous voulez raconter ? Une fois que vous avez un concept solide, vous pouvez commencer à développer les personnages, l'intrigue et le décor. Créez des personnages bien développés. Vos personnages sont le cœur de votre film, il est donc important de créer des personnages crédibles et auxquels

on peut s'identifier. Donnez-leur des histoires, des motivations et des personnalités qui leur donnent vie sur la page.
Créez une intrigue convaincante. L'intrigue est l'épine dorsale de votre film, il est donc important de créer une intrigue passionnante et

engageante.

L'intrigue doit avoir un début, un milieu et une fin clairs, et doit inclure des conflits, du suspense et une résolution. Écrivez un dialogue crédible. Le dialogue est l'un des aspects les plus importants de tout scénario de film, il est donc important d'écrire un dialogue naturel et crédible. Le dialogue doit faire avancer l'intrigue et révéler les motivations des personnages. Formatez correctement votre script. Il existe des directives de formatage spécifiques que vous devez suivre lors de l'écriture d'un scénario de film. Ces directives varient en fonction du format que vous utilisez, mais il est important de les suivre attentivement afin que votre script soit facile à lire et à comprendre. Obtenez les commentaires des autres. Une fois que vous avez une ébauche de votre scénario, il est important d'obtenir les commentaires des autres. Cela vous aidera à identifier les domaines qui nécessitent des améliorations. Révisez et modifiez votre script. Une fois que vous aurez reçu des commentaires, vous devrez réviser et modifier votre script.

Il s'agit d'une étape importante, car elle vous aidera à améliorer la qualité globale de votre script.

Voici quelques conseils supplémentaires pour écrire un scénario de film :

Lisez d'autres scénarios de films. L'une des meilleures façons d'apprendre à écrire un scénario de film est de lire d'autres scénarios de film. Cela vous donnera une bonne compréhension du format et de la structure d'un scénario de film.

Regarder des films.
Une autre excellente
façon d'apprendre à
écrire un scénario de
film est de regarder
des films. Faites
attention à la façon
dont l'histoire est
racontée, les
personnages sont
développés et les
dialogues sont écrits.
Suivez un cours
d'écriture de

scénario. Si vous envisagez sérieusement d'écrire un scénario de film, vous souhaiterez peut-être suivre un cours d'écriture de scénario. Cela vous donnera l'occasion d'apprendre auprès de scénaristes expérimentés et d'obtenir des commentaires sur votre travail.

Écrire un scénario de film peut demander beaucoup de travail, mais cela peut aussi être très amusant. Si vous êtes prêt à faire des efforts, vous pouvez créer un scénario de film qui sera un succès.

Cours 3 :

COURS 4

CONSTRUCTION DU MONDE

FAITES ATTENTION À CE QUI SUIT :

1. PUBLIC CIBLE
2. NICHE
3. GENRE
4. MOTS CLÉS
5. CATÉGORIES
6. PARAMÈTRE

7. PARCELLE
8. STRUCTURE
9. CHAPITRE
10. PARAGRAPHE
11. COMMENTAI
RES.
12. RÈGLES DE
GRAMMAIRE
13. PHRASES
SUJET.
14. ETC.

COURS 5

AUTO-ÉDITION

5.1. MODIFICATION D'APPLICATIONS

Il existe de nombreuses applications d'édition disponibles, mais voici quelques-unes des plus populaires et des plus appréciées :

Adobe Premiere Pro : Il s'agit d'une application de montage vidéo de qualité professionnelle utilisée par de nombreux studios hollywoodiens. Il s'agit d'une application puissante qui offre un large éventail de fonctionnalités, mais elle peut être assez complexe à apprendre.

Final Cut Pro X : Il s'agit d'une application de montage vidéo populaire pour les utilisateurs Mac. Il est connu pour son interface intuitive et ses fonctionnalités puissantes.

DaVinci Resolve : Il s'agit d'une application de montage vidéo gratuite et open source qui devient de plus en plus populaire. Il offre un large éventail de fonctionnalités et est constamment mis à jour avec de nouvelles fonctionnalités.

Lightworks : Il s'agit d'une application de montage vidéo de qualité professionnelle connue pour sa stabilité et sa facilité d' utilisation. C'est une bonne option pour les utilisateurs qui recherchent une application puissante et facile à apprendre.

HitFilm Express : Il s'agit d'une

application de montage vidéo gratuite qui offre un large éventail de fonctionnalités. C'est une bonne option pour les utilisateurs qui recherchent une application puissante sans le prix élevé.

Ce ne sont là que quelques-unes des

nombreuses applications d'édition disponibles. La meilleure application pour vous dépendra de vos besoins et préférences spécifiques.

Si vous êtes débutant, je vous recommande de commencer avec

une application plus simple comme Lightworks ou HitFilm Express. Une fois que vous avez appris les bases, vous pouvez passer à une application plus complexe comme Adobe Premiere Pro ou Final Cut Pro X.

Voici quelques facteurs supplémentaires à prendre en compte lors du choix d'une application d'édition :

Votre budget : certaines applications d'édition sont gratuites, tandis que d'autres peuvent être assez coûteuses.

Votre système d'exploitation : certaines applications d'édition ne sont disponibles que pour Windows, tandis que d'autres ne sont disponibles que pour Mac.

Votre niveau d'expérience : Si vous êtes débutant, vous

aurez besoin d'une application facile à prendre en main. Si vous êtes plus expérimenté, vous souhaiterez peut-être une application avec plus de fonctionnalités.

Le type de projets sur lesquels vous souhaitez travailler :

certaines applications d'édition sont mieux adaptées à certains types de projets que d'autres. Par exemple, si vous souhaitez éditer des vidéos, vous aurez besoin d'une application conçue pour le montage vidéo.

COURS 6

ÉDITION
ÉDITION TRADITIONNELLE
ÉDITION INDIENNE

PUBLIATION LARGE IMPRESSION À LA DEMANDE

MOTS CLÉS ET CATÉGORIES DANS L'ÉDITION

Les mots clés et les catégories sont importants dans la publication car ils aident les lecteurs à trouver votre travail. Lorsqu'un internaute recherche un mot-clé ou une catégorie, votre travail apparaîtra dans les résultats de recherche s'il contient ces mots-clés ou ces catégories. Cela signifie que vous avez plus de chances d'être trouvé par des lecteurs potentiels.

Voici quelques-unes
de l'importance des
mots-clés et des
catégories dans la
publication :

Aidez les lecteurs à
trouver votre travail :
lorsque quelqu'un
recherche un mot-clé
ou une catégorie,
votre travail
apparaîtra dans les

résultats de recherche s'il contient ces mots-clés ou ces catégories. Cela signifie que vous avez plus de chances d'être trouvé par des lecteurs potentiels. Améliorez votre visibilité : les mots clés et les catégories peuvent vous aider à améliorer votre visibilité sur les moteurs de recherche et d'autres plateformes. Cela signifie que votre travail est plus susceptible d'être vu par des personnes intéressées par les sujets sur lesquels vous écrivez.

Augmentez votre lectorat : en utilisant les bons mots-clés et catégories, vous pouvez augmenter votre lectorat et atteindre un public plus large. Cela peut entraîner davantage de ventes, de téléchargements et d'autres avantages. Vous aider à cibler votre audience : les mots clés et les catégories peuvent vous aider à cibler votre audience. Cela signifie que vous pouvez concentrer vos efforts de marketing sur les personnes les plus susceptibles d'être intéressées par votre travail.

Voici quelques conseils pour choisir les bons mots-clés et catégories pour votre travail :

Pensez à votre
public : pour qui
écrivez-vous ? Quels
sont leurs intérêts ?
Quels mots-clés sont-
ils susceptibles
d'utiliser lors de la
recherche
d'informations ?
Faites vos
recherches : utilisez
un outil de recherche
de mots clés pour

trouver les mots clés les plus populaires pour votre sujet. Utilisez une variété de mots-clés : n'utilisez pas seulement un ou deux mots-clés. Utilisez une variété de mots-clés pour améliorer vos chances d'être trouvé. Utilisez des catégories

pertinentes :
choisissez des
catégories
pertinentes pour
votre sujet. Cela
contribuera à
améliorer votre
visibilité.
Mettez régulièrement
à jour vos mots-clés
et catégories : à
mesure que votre
travail évolue, vos
mots-clés et

catégories devraient évoluer également. Assurez-vous de les mettre à jour régulièrement pour garder votre travail à jour.

En suivant ces conseils, vous pourrez choisir les bons mots-clés et catégories pour votre travail et améliorer vos chances d'être trouvé par les lecteurs potentiels.

COMMENT ADAPTER UN COURS OU UN LIVRE EN FILM

Adapter un cours à une pièce de théâtre ou à un film peut être un excellent moyen de mobiliser les étudiants et de rendre le matériel plus mémorable. Voici quelques conseils pour procéder :

Commencez par identifier les thèmes et concepts clés du cours. Quelles sont les choses les plus importantes que vous souhaitez que les élèves apprennent ? Une fois que vous avez identifié les thèmes clés, vous pouvez commencer à réfléchir à la manière de les dramatiser. Considérez le format de la pièce ou du film. S'agira-t-il d'une pièce de théâtre traditionnelle, d'un film ou autre chose ?

Le format affectera la façon dont vous adapterez le matériel. Par exemple, un film vous permettra de montrer plus d'action et de détails visuels qu'une pièce de théâtre traditionnelle. Pensez aux personnages. Quels sont les personnages les plus importants du cours ? Comment pouvez-vous leur donner vie dans la pièce ou le film ? Les personnages doivent être pertinents et engageants pour le public. Développez l'intrigue. Comment allez-vous structurer la pièce ou le film ? L'intrigue doit être passionnante et engageante, mais elle doit également être fidèle au contenu du cours.

Écrivez le dialogue. Le dialogue est l'un des aspects les plus importants de toute pièce de théâtre ou film. Cela doit être naturel et crédible, et cela doit contribuer à faire avancer l'intrigue.

Dirigez la pièce ou le film. Une fois que vous avez écrit le scénario, vous devez réaliser la pièce ou le film. Cela implique de choisir des acteurs, de bloquer des scènes et de répéter la pièce ou le film.

Adapter un cours à une pièce de théâtre

ou à un film peut demander beaucoup de travail, mais cela peut aussi être très amusant. Si vous êtes prêt à faire l'effort, vous pouvez créer une pièce de théâtre ou un film qui intéressera les élèves et rendra le matériel plus mémorable.

Voici quelques conseils supplémentaires pour adapter un cours à une pièce de théâtre ou un film :

Utilisez le décor pour créer une atmosphère et une ambiance. Le décor d'une pièce de théâtre ou d'un film peut contribuer à créer une certaine atmosphère ou ambiance. Par exemple, si vous adaptez un cours sur l'horreur, vous pourriez placer la pièce ou le film dans une maison sombre et effrayante. Utilisez des accessoires et des costumes pour créer un intérêt visuel. Les accessoires et les

costumes peuvent
aider à donner vie
aux personnages et
au décor. Par
exemple, si vous
adaptez un cours
d'histoire, vous
pouvez utiliser des
costumes d'époque
pour donner au
public l'impression
de remonter le temps.
Utilisez de la
musique et des effets

sonores pour améliorer le drame. La musique et les effets sonores peuvent contribuer à créer du suspense, de l'excitation ou d'autres émotions. Par exemple, si vous adaptez un cours sur l'action, vous pouvez utiliser des effets sonores forts pour

créer un sentiment
d'excitation.

J'espère que ces
conseils vous
aideront à adapter
votre cours à une
pièce de théâtre ou
un film.

COURS 7

COMMERCIALISATION ET PROMOTION

Félicitations, vous avez terminé votre livre ! La commercialisation de votre livre peut être une tâche ardue, mais il est important de vous rappeler que vous n'êtes pas seul. Il existe de nombreuses ressources disponibles pour vous aider à promouvoir votre livre et, avec un peu de planification et d'efforts, vous pouvez atteindre votre public cible et vendre votre livre.

Voici quelques -uns de mes meilleurs conseils à un nouvel auteur qui souhaite commercialiser son livre :

Commencer de bonne heure. Le meilleur moment pour commencer à commercialiser votre livre est avant même sa publication. Cela vous donnera le temps de susciter l'enthousiasme et le buzz autour de votre livre, et de toucher des lecteurs potentiels.

Créez un plan marketing solide. Votre plan marketing doit inclure un message clair sur votre livre, un public cible et un calendrier de promotion. Vous devez également identifier les meilleurs canaux pour atteindre votre public cible.

Faites la promotion de votre livre en ligne. Il existe de nombreuses façons de promouvoir votre livre en ligne, telles que les réseaux sociaux, le marketing par courrier électronique et les blogs invités. Vous devez également créer un site Web pour votre livre et vous assurer qu'il est optimisé pour les moteurs de recherche.

Organisez des événements. Organiser des

événements est un excellent moyen d'entrer en contact avec des lecteurs potentiels et de susciter l'enthousiasme pour votre livre. Vous pouvez organiser des dédicaces de livres, des lectures ou des conférences. Obtenez une couverture médiatique. Obtenir une couverture médiatique pour votre livre peut vous aider à toucher un public plus large. Vous pouvez contacter des journalistes et des blogueurs pour voir s'ils seraient intéressés à écrire sur votre livre.

Demandez de l'aide à votre réseau. Faites connaître votre livre à vos amis, votre famille et vos collègues et demandez-leur de vous aider à faire passer le message. Ils peuvent partager votre livre sur les réseaux sociaux, le recommander à leurs amis et acheter des

exemplaires du livre
pour eux-mêmes.

Sois patient.
Commercialiser votre
livre demande du
temps et des efforts.
Ne vous attendez pas
à voir des résultats du
jour au lendemain.
Continuez
simplement et vous
finirez par voir votre

livre gagner du terrain.

Voici quelques conseils supplémentaires qui pourraient vous être utiles :
Il n'y a pas de réponse unique à cette question, car la meilleure façon de lancer un livre varie en fonction du livre

lui-même, des objectifs de l'auteur et du public cible. Cependant, il existe quelques conseils généraux qui peuvent aider les auteurs à lancer leurs livres avec succès.

LA MEILLEURE FAÇON DE LANCER UN LIVRE ?

Voici quelques-unes des meilleures façons de lancer un livre :

Commencer de bonne heure. La meilleure façon de lancer un livre est de commencer à planifier tôt. Cela vous donnera le temps de susciter l'enthousiasme pour le livre, de toucher des lecteurs potentiels et d'obtenir une couverture médiatique. Créez un plan marketing solide. Votre plan marketing doit inclure un message clair sur le livre, un public cible et un calendrier de promotion. Vous devez également

identifier les
meilleurs canaux
pour atteindre votre
public cible.
Faites la promotion
de votre livre en
ligne. Il existe de
nombreuses façons
de promouvoir votre
livre en ligne, telles
que les réseaux
sociaux, le marketing
par courrier
électronique et les

blogs invités. Vous devez également créer un site Web pour votre livre et vous assurer qu'il est optimisé pour les moteurs de recherche.

Organisez des événements. Organiser des événements est un excellent moyen d'entrer en contact avec des lecteurs potentiels et de susciter l'enthousiasme pour votre livre. Vous pouvez organiser des dédicaces de livres, des lectures ou des conférences. Obtenez une couverture médiatique. Obtenir une couverture médiatique pour votre livre peut vous aider à toucher un public plus large. Vous pouvez contacter des journalistes et des blogueurs pour voir s'ils seraient intéressés à écrire sur votre livre. Demandez de l'aide à votre réseau. Faites connaître votre livre à vos amis, votre famille et vos collègues et demandez-leur de vous aider à faire passer le message. Ils peuvent partager votre livre sur les réseaux sociaux, le recommander à leurs amis et acheter des exemplaires du livre pour eux-mêmes.

En suivant ces conseils, vous pouvez augmenter vos chances de lancer votre livre avec succès.

Voici quelques conseils supplémentaires qui pourraient vous être utiles :

Créez un buzz. Commencez à susciter l'enthousiasme pour votre livre avant même son lancement. Vous pouvez le faire en partageant des extraits du livre, en écrivant des articles de blog à ce sujet ou en donnant des interviews.

Personnalisez votre promotion. Adaptez vos efforts marketing à votre public cible. À quoi s'intéressent-ils? Quels sont leurs points faibles ? Qu'est-ce qui leur donnera envie de lire votre livre ?

Être cohérent. Ne faites pas simplement la promotion de votre livre une seule fois, puis oubliez-le. Maintenez l'élan en partageant des mises à jour sur les réseaux sociaux, en rédigeant des articles de blog et en donnant des interviews.

Amusez-vous! Lancer un livre demande beaucoup de travail, mais cela doit aussi être agréable. Alors détendez-vous,

appréciez le
processus et célébrez
le succès de votre
livre.

J'espère que ça aide!

QU'EST-CE QU'UNE TOURNÉE NATIONALE DU LIVRE ?

Une tournée
nationale du livre est
une série

d'événements au cours desquels un auteur se rend dans différentes villes et villages pour promouvoir son livre. Ces événements peuvent inclure des dédicaces de livres, des lectures, des conférences et des entretiens. L'objectif d'une tournée nationale du livre est de faire connaître le livre et de générer des ventes.

Les ventes spéciales sont un type de promotion généralement proposé par les librairies ou d'autres détaillants. Ces ventes peuvent prendre de nombreuses formes, telles que des remises, des coupons ou des cadeaux gratuits. L'objectif des ventes spéciales est d'attirer de nouveaux clients et d'encourager les clients existants à acheter davantage de livres.

La principale différence entre une

tournée nationale du livre et des ventes spéciales réside dans le fait qu'une tournée nationale du livre est une manière plus personnelle et interactive de promouvoir un livre. Lorsqu'un auteur se rend dans une ville pour dédicacer un livre, il a l'opportunité de rencontrer et d'interagir avec ses fans. Cela peut aider à établir des relations avec les lecteurs et à créer un sentiment d'enthousiasme pour le livre.

Les ventes spéciales, en revanche, constituent une manière plus impersonnelle de promouvoir un livre. Ils n'offrent pas la même opportunité aux auteurs d'entrer en contact avec les lecteurs. Cependant, les ventes spéciales peuvent être un moyen très efficace de générer des ventes, surtout si elles font l'objet d'une bonne promotion.

Voici un tableau qui résume les principales différences entre les tournées nationales de livres et les ventes spéciales :

Tournée nationale du livreVentes spéciales

Objectif Promouvoir un livreGénérer des ventes

Format   Série d'événements dans

différentes
villesRéductions,
coupons, cadeaux
gratuits
Personnalisation
     Personnelle et
interactiveImpersonn
elle
Efficacité   Dépend
de la popularité de
l'auteur et de la
qualité du livre Peut
être très efficace s'il

bénéficie d'une bonne promotion

J'espère que ça aide!

COMMENT ORGANISER UNE ÉVÉNEMENT DE DÉSIGNATION DE LIVRE ET EN QUOI EST-CE DIFFÉRENT D'UN LANCEMENT DE LIVRE

Voici quelques conseils pour organiser un événement de dédicace :

Choisissez un lieu. Vous pouvez organiser votre dédicace dans une librairie, une bibliothèque, un café ou tout autre espace public. Si vous organisez votre événement dans une librairie, vous devrez travailler avec le magasin pour obtenir l'autorisation et réserver un espace. Promouvoir l'événement. Informez les gens de votre événement de dédicace via votre site Web, vos réseaux sociaux et votre liste de diffusion. Vous pouvez également contacter les médias locaux pour voir s'ils seraient intéressés à couvrir l'événement. Ayez beaucoup de livres à portée de main. Assurez-vous d'avoir suffisamment de livres pour tous ceux qui souhaitent faire signer leur livre. Vous pouvez également vendre des livres lors de l'événement, alors assurez-vous d'avoir une caisse enregistreuse ou un distributeur de carte de crédit à portée de main.

Préparez une table et des chaises pour que l'auteur puisse signer les livres. Vous souhaiterez peut-être également avoir une table où les gens pourront déposer leurs livres pour qu'ils soient signés avant ou après l'événement.

Ayez du matériel promotionnel à portée de main. Cela peut inclure des signets, des dépliants ou des affiches sur votre livre. Vous pouvez également offrir des exemplaires gratuits de votre livre aux participants. Ayez un plan pour contrôler les foules. Si vous vous attendez à une foule nombreuse, vous devrez avoir un plan pour maintenir l'ordre. Cela pourrait inclure la présence de quelqu'un à la porte pour vérifier les billets ou la mise en place d'un système de file d'attente. Soyez prêt à répondre aux questions sur votre livre. Les gens auront probablement des questions sur votre livre, alors soyez prêt à y répondre. Vous pouvez également organiser une séance de questions-réponses à la fin de l'événement. Amusez-vous! Les séances de dédicaces doivent être amusantes à la fois pour l'auteur et les participants. Alors détendez-vous, amusez-vous et rencontrez de nouvelles personnes.

Voici quelques-unes des principales différences entre un événement de signature de livre et un lancement de livre :

Public : un événement de signature de livre s'adresse généralement aux fans de l'auteur ou du livre, tandis qu'un lancement de livre s'adresse généralement à un public plus large, tel que les médias, les professionnels de l'industrie et les lecteurs potentiels. Contenu : un événement de dédicace de livre est généralement axé sur la signature de livres par l'auteur pour les fans, tandis qu'un lancement de livre peut inclure un discours de l'auteur, une séance de questions-réponses ou d'autres activités. Promotion : un événement de signature de livre est généralement promu auprès des fans et des abonnés de l'auteur,

tandis qu'un
lancement de livre est
généralement promu
auprès d'un public
plus large.

J'espère que ça aide!

QU'EST-CE QU'UNE SÉANCE D'AUTOGRAPHIE DE LIVRE ?

Un autographe de
livre est la signature

d'un auteur sur un livre. Il est souvent accompagné d'un message personnel ou d'une dédicace. Les autographes de livres sont souvent recherchés par les collectionneurs, car ils peuvent constituer un souvenir précieux d'un livre ou d'un auteur préféré.

Il existe différentes manières de faire dédicacer un livre. Une solution consiste à assister à une séance de dédicaces, au cours de laquelle l'auteur dédicacera des livres pour ses fans. Une autre façon consiste à contacter directement l'auteur et à lui demander de signer un livre pour vous. Vous pouvez aussi parfois trouver des livres dédicacés en librairie ou en ligne.

Lorsque vous faites dédicacer un livre, il y a quelques points à garder à l'esprit. Tout d'abord, assurez-vous d'avoir un livre écrit par l'auteur. Deuxièmement, choisissez une page vierge du livre à faire signer.

Troisièmement, soyez respectueux du temps et de l'espace de l'auteur. Enfin, n'oubliez pas de remercier l'auteur pour son temps et son autographe.

Voici quelques conseils pour faire dédicacer un livre :

Apportez le livre à l'événement tôt pour ne pas avoir à faire la queue.
Soyez poli et respectueux envers l'auteur.
Demandez un message personnel ou une dédicace.

Merci à l'auteur pour son temps.

Voici quelques choses à éviter lorsque vous faites dédicacer un livre :

N'apportez pas de livre endommagé ou sale.
Ne demandez pas à l'auteur de signer un

livre qu'il n'a pas
écrit.
Ne demandez pas à
l'auteur de signer un
livre déjà signé.
Ne soyez pas
insistant ou exigeant.

COMMENT PUIS-JE FAIRE DE LA PUBLICITÉ EFFICACE SUR AMAZON.COM ?

Il existe de nombreuses façons de faire de la publicité efficacement sur Amazon.com. Voici quelques-unes des méthodes les plus efficaces :

Produits sponsorisés par Amazon : il s'agit d'un programme publicitaire au paiement par clic (PPC) qui vous permet d'afficher vos produits sur les pages de résultats de recherche d'Amazon. Lorsqu'un acheteur recherche un produit similaire au vôtre, votre annonce peut apparaître en haut de la page des résultats de recherche.

Annonces display de produits Amazon : il s'agit d'annonces illustrées qui apparaissent sur les pages de détails des produits et dans les résultats de recherche de produits. Ils constituent un bon moyen de promouvoir vos produits auprès des acheteurs déjà intéressés par ce que vous avez à proposer. Annonces de recherche Amazon Headline : il s'agit d'annonces textuelles qui apparaissent en haut des pages de résultats de recherche d'Amazon. Ils constituent un bon moyen de promouvoir vos produits auprès des acheteurs qui recherchent des mots clés spécifiques. Annonces vidéo Amazon : il s'agit d'annonces vidéo qui apparaissent sur le

site Web et l'application mobile d'Amazon. Ils constituent un bon moyen de promouvoir vos produits auprès des acheteurs qui recherchent un contenu engageant et informatif.
Amazon Display & Video Creative Studio : il s'agit d'un outil en

libre-service qui vous permet de créer et de gérer vos propres publicités Amazon. C'est une bonne option pour les entreprises qui souhaitent avoir plus de contrôle sur leurs campagnes publicitaires.

Lors de la création de vos publicités

Amazon, il est
important de garder
les éléments suivants
à l'esprit :

Ciblez vos annonces
sur le bon public :
assurez-vous que vos
annonces sont
diffusées auprès des
personnes
susceptibles d'être
intéressées par vos
produits. Vous

pouvez le faire en ciblant vos annonces en fonction de mots clés, de données démographiques et de centres d'intérêt. Utilisez un texte publicitaire clair et concis : votre texte publicitaire doit être clair et concis, et il doit mettre en évidence les avantages de vos produits.

Utilisez des images et des vidéos de haute qualité : vos images et vidéos doivent être de haute qualité et pertinentes par rapport à vos produits.

Suivez vos résultats : il est important de suivre les résultats de vos publicités

Amazon afin que
vous puissiez voir ce
qui fonctionne et ce
qui ne fonctionne
pas. Cela vous aidera
à optimiser vos
campagnes et à tirer
le meilleur parti de
votre budget
publicitaire.

En suivant ces
conseils, vous pouvez
faire de la publicité

efficacement sur
Amazon.com et
atteindre votre public
cible.

UTILISER LES TRADUCTIONS COMME OUTILS DE MARKETING

Il y a de nombreux
avantages à traduire
vos livres dans

d'autres langues. En voici quelques-uns :

Atteignez un public plus large : traduire vos livres dans d'autres langues vous permet d'atteindre un public plus large de lecteurs potentiels. Cela peut entraîner une augmentation des ventes et des redevances.

Augmentez votre visibilité : lorsque vos livres seront traduits dans d'autres langues, ils seront plus visibles pour les lecteurs du monde entier. Cela peut vous aider à développer votre marque d'auteur et à attirer de nouveaux lecteurs. Élargissez votre marché : traduire vos livres dans d'autres langues peut vous aider à élargir votre marché et à atteindre de nouveaux canaux de vente. Par exemple, vous pourrez peut-être vendre vos livres traduits auprès de détaillants internationaux ou via des clubs de lecture

en langues
étrangères.
Découvrez de
nouvelles cultures :
traduire vos livres
dans d'autres langues
peut vous aider à
vous familiariser avec
de nouvelles cultures.
Cela peut être une
expérience précieuse
pour vous en tant
qu'auteur, et cela
peut également vous

aider à entrer en contact avec des lecteurs d'autres cultures.

Faites la promotion de vos livres : traduire vos livres dans d'autres langues peut vous aider à promouvoir vos livres sur de nouveaux marchés. Vous pouvez le faire en participant à des salons et festivals du livre, en accordant des interviews à des médias étrangers et en faisant la promotion de vos livres sur les réseaux sociaux et autres canaux en ligne.

Si vous envisagez de traduire vos livres dans d'autres langues, vous devez garder quelques points à l'esprit. Tout d'abord, vous devez vous assurer que vos livres sont bien écrits et qu'ils sont de haute qualité. Vous devez également vous assurer de trouver une agence de traduction réputée, capable de traduire vos livres avec

précision et
professionnalisme.

Traduire vos livres dans d'autres langues peut être un excellent moyen d'atteindre un public plus large, d'augmenter votre visibilité et d'élargir votre marché. Si vous êtes sérieux au sujet de votre carrière d'écrivain, c'est

quelque chose à
considérer.

CONCURRENTS/ALTERNATIVES AMAZONIENNES

Voici 10 éditeurs
indépendants
alternatifs à Amazon :

Barnes & Noble Press
: Il s'agit d'un éditeur
traditionnel qui

propose une large gamme de services, notamment l'édition, le marketing et la distribution.

CreateSpace : C'est une plateforme d'auto-édition qui permet aux auteurs de publier et de vendre leurs livres via Amazon.

IngramSpark : Il s'agit d'un éditeur

d'impression à la demande (POD) qui permet aux auteurs de publier et de vendre leurs livres via divers détaillants, dont Amazon.

Lulu : Il s'agit d'un éditeur POD qui permet aux auteurs de publier et de vendre leurs livres dans une variété de formats, notamment des livres imprimés, électroniques et audio.

Pear Press : Il s'agit d'un éditeur traditionnel qui se concentre sur la publication de livres pour enfants et jeunes adultes.

Prometheus Books : Il s'agit d'un éditeur à but non lucratif qui publie des livres sur

une variété de sujets, notamment la science, la philosophie et la politique.
Small Press Distribution : Il s'agit d'un distributeur qui travaille avec des éditeurs indépendants pour faire parvenir leurs livres dans les

librairies et les
bibliothèques.

Smashwords : Il
s'agit d'un éditeur
POD qui permet aux
auteurs de publier et
de vendre leurs livres
électroniques via
divers détaillants,
dont Amazon.
Unbound Books : Il
s'agit d'un éditeur à
financement
participatif qui

permet aux auteurs
de collecter des fonds
pour publier leurs
livres.

   WordPress : C'est
un système de gestion
de contenu qui
permet aux auteurs
de créer et de publier
leurs propres sites
Internet.

Ce ne sont là que
quelques-uns des

nombreux éditeurs
indépendants
disponibles. Lors du
choix d'un éditeur, il
est important de
prendre en compte
vos besoins et vos
objectifs. Souhaitez-
vous travailler avec
un éditeur
traditionnel qui offre
plus de services, ou
souhaitez-vous vous
auto-éditer et avoir

plus de contrôle sur le processus ? Souhaitez-vous publier sous forme imprimée ou électronique ? Une fois que vous avez examiné vos besoins, vous pouvez commencer à rechercher des éditeurs pour trouver celui qui vous convient le mieux.

COMMENT PUIS-JE FAIRE DE LA PUBLICITÉ EFFICACE SUR AMAZON.COM ?

Il existe de nombreuses façons de faire de la publicité efficacement sur Amazon.com. Voici quelques-unes des méthodes les plus efficaces :

Produits sponsorisés par Amazon : il s'agit d'un programme publicitaire au paiement par clic (PPC) qui vous permet d'afficher vos produits sur les pages de résultats de recherche d'Amazon. Lorsqu'un acheteur recherche un produit similaire au vôtre, votre annonce peut apparaître en haut de la page des résultats de recherche.

Annonces display de produits Amazon : il s'agit d'annonces illustrées qui apparaissent sur les pages de détails des produits et dans les résultats de recherche de produits. Ils constituent un bon moyen de promouvoir vos produits auprès des acheteurs déjà intéressés par ce que vous avez à proposer.

Annonces de recherche Amazon Headline : il s'agit d'annonces textuelles qui apparaissent en haut des pages de résultats de recherche d'Amazon. Ils constituent un bon moyen de promouvoir vos produits auprès des acheteurs qui recherchent des mots clés spécifiques. Annonces vidéo Amazon : il s'agit d'annonces vidéo qui apparaissent sur le

site Web et l'application mobile d'Amazon. Ils constituent un bon moyen de promouvoir vos produits auprès des acheteurs qui recherchent un contenu engageant et informatif.
Amazon Display & Video Creative Studio : il s'agit d'un

outil en libre-service qui vous permet de créer et de gérer vos propres publicités Amazon. C'est une bonne option pour les entreprises qui souhaitent avoir plus de contrôle sur leurs campagnes publicitaires.

Lors de la création de vos publicités

Amazon, il est important de garder les éléments suivants à l'esprit :

Ciblez vos annonces sur le bon public : assurez-vous que vos annonces sont diffusées auprès des personnes susceptibles d'être intéressées par vos produits. Vous pouvez le faire en ciblant vos annonces en fonction de mots clés, de données démographiques et de centres d'intérêt. Utilisez un texte publicitaire clair et concis : votre texte publicitaire doit être clair et concis, et il doit mettre en évidence les avantages de vos produits.

Utilisez des images et des vidéos de haute qualité : vos images et vidéos doivent être de haute qualité et pertinentes par rapport à vos produits.

Suivez vos résultats : il est important de suivre les résultats de vos publicités

Amazon afin que
vous puissiez voir ce
qui fonctionne et ce
qui ne fonctionne
pas. Cela vous aidera
à optimiser vos
campagnes et à tirer
le meilleur parti de
votre budget
publicitaire.

En suivant ces
conseils, vous pouvez
faire de la publicité

efficacement sur
Amazon.com et
atteindre votre public
cible.

QUELS SONT LES AVANTAGES ET INCONVÉNIENTS DE LA SÉRIALISATION D'UN LIVRE ?

présente à la fois des avantages et des inconvénients.

Avantages :

Crée une anticipation : la sérialisation d'un livre peut aider à créer une anticipation pour le produit final. En effet, les lecteurs attendront avec impatience le prochain épisode, ce qui peut contribuer à créer un sentiment d'excitation et de suspense.

Augmente l'engagement : la sérialisation d'un livre peut également contribuer à accroître l'engagement des lecteurs. En effet, les lecteurs seront plus susceptibles de revenir au livre s'ils savent qu'il y a plus de contenu à venir.

Permet les commentaires : la sérialisation d'un livre peut également permettre les commentaires des lecteurs. En effet, les lecteurs peuvent partager leurs réflexions et leurs opinions sur le livre au fur et à mesure de sa sortie, ce qui peut aider l'auteur à améliorer le livre.

Désavantages:

Écrire une série peut être une chose difficile à suivre. La sérialisation d'un livre peut être difficile à suivre, surtout si le livre est long ou complexe. En effet, les lecteurs s'attendront régulièrement à du nouveau contenu et l'auteur devra être en mesure de répondre à cette attente.

Peut être difficile à commercialiser : la sérialisation d'un livre peut être difficile à commercialiser, surtout si le livre n'est pas très connu. En effet, les lecteurs peuvent ne pas savoir que le livre est en cours de publication en série et ils peuvent ne pas être intéressés à commencer un livre qu'ils savent qu'ils ne pourront pas terminer immédiatement.

Peut être difficile à terminer : la sérialisation d'un livre peut être difficile à terminer, surtout si l'auteur se désintéresse du projet ou s'il se heurte à des obstacles créatifs. En effet, l'auteur devra pouvoir s'accrocher au projet

jusqu'à ce qu'il soit
terminé, même si cela
prend beaucoup de
temps.

En fin de compte, la
décision de publier
ou non un livre en
série est une décision
personnelle. Il y a à la
fois des avantages et
des inconvénients à
prendre en compte,
et la meilleure option

pour vous dépendra de vos besoins et objectifs spécifiques.

Voici quelques éléments supplémentaires à prendre en compte avant de décider de sérialiser ou non un livre :

Le genre du livre : Certains genres se

prêtent mieux à la sérialisation que d'autres. Par exemple, la fiction en série peut être un excellent moyen de créer de l'anticipation et du suspense, tandis que la non-fiction en série peut être un excellent moyen de fournir aux lecteurs des mises à jour régulières sur un sujet particulier. Votre public cible : votre public cible jouera également un rôle dans la décision de sérialiser ou non votre livre. Si votre public cible est composé de personnes habituées à consommer du contenu dans un format sérialisé, la

sérialisation de votre
livre peut être une
bonne option.
Cependant, si votre
public cible n'est pas
habitué à consommer
du contenu dans un
format sérialisé, la
sérialisation de votre
livre n'est peut-être
pas la meilleure
option.
Vos propres
préférences : en fin

de compte, la
décision de publier
ou non un livre en
série est une décision
personnelle. Si vous
êtes à l'aise avec l'
idée de sérialiser
votre livre et que
vous pensez que c'est
le meilleur moyen
d'atteindre votre
public cible, alors
foncez. Cependant, si
vous n'êtes pas à

l'aise avec l'idée de publier votre livre en série ou si vous pensez que ce n'est pas le meilleur moyen d'atteindre votre public cible, ne le faites pas.

AUTRES LIVRES DU MÊME AUTEUR

1. DIX INSTANCES OÙ UN HOMME NE DOIT PAS OBÉIR À SA FEMME.

2. COMMENT TRAITER SANS IMPitoyable AVEC LES

ESPRITS
FARMILIAR.

3.   LE MOYEN
LE PLUS
RAPIDE DE
DISCIPLER LES
GENS.

4.   COMMENT
GÉRER SANS
IMPitoyable
L'ESPRIT DE
MONTÉE ET
DE CHUTE

5.   QUE DIEU DEMANDERA-T-IL AUX PASTEURS LE JOUR DU JUGEMENT ?

6.   LES PLUS GRANDES ERREURS COMMETTEES PAR LES JEUNES

D'AUJOURD'HUI

7.   LES PLUS GRANDES ARMES QUE JÉSUS NOUS A DONNÉES

8.   COMMENT AUTONOMISER VOS ENFANTS.

9.   COMMENT GÉRER SANS IMPitoyable LE MUTÈME SOUDAIN CHEZ VOTRE FEMME.

10.   POURQUOI J'AI SUPPRIMÉ CHATGPT DE MON TÉLÉPHONE.

11. COMMENT GÉRER SANS IMPitoyable LES MAL QUI FRAPPENT LA NUIT

12. COMMENT TRAITER SANS IMPitoyable AVEC LES ENNEMIS.

13. DIX CHOSES QUI

FONT
VRAIMENT DE
VOUS UN
CHRÉTIEN.

14.   COMMENT
DIEU PRÉPARE
LES GENS À
L'EXPLOIT.

15.   COMMENT
SAVOIR SI UNE
FILLE EST UN
MATÉRIEL DE

FEMME AU FOYER

A PROPOS DE L'AUTEUR

Au fil des années, les ministères New Dimensions ont enseigné l'intelligence financière à ses étudiants. La raison étant que le Ministère n'a que 3 branches, à savoir : Intégrité, onction et évangélisation.

www.ingramcontent.com/pod-product-compliance
Lightning Source LLC
Chambersburg PA
CBHW070920260726
48661CB00003B/769